todo a su tiempo

ISBN: 9798994549469

Publicado por Alegria Publishing

*para mis primos Mariana y Julito, quienes ya no están
con nosotros*

todo a su tiempo

Lizzy Madrigal

nota de la autora

He querido ser autora desde que tenía dieciocho años. Durante un tiempo, parecía que ese sueño no se iba a cumplir. La vida me llevó por distintos caminos durante trece años, hasta que en 2020 tomé la decisión de estudiar escritura, tal como siempre lo había deseado.

Durante mi programa de maestría, di un salto de fe y asistí a un retiro de escritores en Colombia con una editorial y un grupo de personas a quienes nunca había conocido en persona. Estando ahí, tomé la decisión de comenzar a escribir lo que eventualmente se convertiría en este libro. Fue publicado en 2025: un sueño que tardó diecisiete años en hacerse realidad.

No muchos saben esto, pero la semana en que aprobé el manuscrito, mi familia sufrió una pérdida significativa. Esa dualidad entre celebración y dolor fue un recordatorio de lo frágil y pasajera que es esta vida. Los temas de este libro se sintieron aún más oportunos; pero para la traducción, quise incluir un texto dedicado a la memoria de los primos que ya no están con nosotros.

En la versión en inglés, hay un ensayo lírico titulado *"carta a Dios, parte 1"*, que tenía la intención de convertir en una serie, aunque terminó siendo el único de su tipo. Y ahora, un año después, aquí está la segunda parte, disponible únicamente en la versión en Español:

A veces me pregunto cómo Dios elige a quién se lleva y a quién deja

Y por qué, en ocasiones, llama a los más jóvenes de regreso a casa

Sabiendo que madres y padres se quedan atrás, bañados en lágrimas

Y que los conjuntos de hermanos quedan incompletos
Qué recordatorio tan difícil: que cada persona que amamos aquí en la tierra vive con tiempo prestado

Y aunque todos sabemos que no estaremos aquí para siempre

¿Cómo sabe Él cuándo el tiempo concedido ha sido suficiente?

A veces quisiera que existieran mejores instrucciones para el duelo

¿Cómo consolar a un padre o a una madre que tendrá que aprender a vivir con un pedazo de su corazón faltando para siempre? Que, por unos segundos al despertar, olvidarán... solo para que todo regrese de golpe. ¿Qué posibilidad tenemos nosotros de ofrecer consuelo ante un dolor así?

Temo que ni siquiera la ofrenda más bondadosa de palabras sea suficiente, pero lo que permanece es el amor... amor expresado y amor no expresado.

A mis primos, me pregunto si sintieron mi amor. Ni siquiera sé si les dije que los amaba la última vez que los vi. Si no lo hice, siempre asumí que tendría otra oportunidad. Siempre asumí que tenía más tiempo.

Pero así es como funciona todo esto, ¿no? El punto entero es que ninguno de nosotros sabe cuántos capítulos de vida nos tocan, y aun así vivimos como si el capítulo de mañana estuviera garantizado.

Y aunque sé esto en lo profundo de mi corazón, hay una parte de mí que siente enojo. Deberíamos haber visto su cabello volverse gris, pero permaneció castaño; su piel, intacta. Sus cuerpos fueron enterrados junto con su juventud y todo se siente tan extraño, tan fuera de orden. Nos quedamos con tantas preguntas y tantas oraciones sin respuesta.

Le dije a Dios que no creía que hubieran tenido suficientes capítulos, que seguramente ambos merecían más. Y sé que no fui la única en sentirlo. Pero Dios puede sostener nuestro dolor. Puede sostener nuestro enojo. Y puede sostener lo que creemos que son oraciones no respondidas.

Aunque su historia aquí en la tierra fue breve, encuentro consuelo en creer que fue completa—completa de amor, de sentido y de valor. Mi oración ahora es que, con cada página que pase, lleve su memoria dentro de mí, profundamente arraigada en cada estación de mi vida de aquí en adelante.

Y que todos recordemos que viven no solo en fotografías, sino en las historias que contaremos una y otra vez.

— carta a Dios, parte 2

Primera Parte : Otoño

otoño interno

Cuando el verano se convierte en otoño, lo sentimos en lo fresco del aire y lo vemos cuando los verdes se transforman en amarillos. Nos sentimos atraídos unos hacia otros buscando cercanía, y nuestro anhelo nos une para que no nos alejemos. Buscamos el calor del consuelo mientras el mundo se vuelve un poco más frío.

Dentro de nosotros, nuestro otoño interno se hace notar con esos mismos tirones; al acercarnos a la novedad del cambio, nuestras mentes nos devuelven a las comodidades conocidas, pero nuestros corazones nos empujan hacia adelante.

El otoño interno es un puente entre lo que fue y lo que puede ser, pero solo si estamos dispuestos a enfrentar el invierno mientras caminamos hacia la primavera. Atravesar esta estación significa elegir el coraje, sabiendo que, para convertirnos en más, debemos abrazar el dolor del crecimiento como a un viejo amigo.

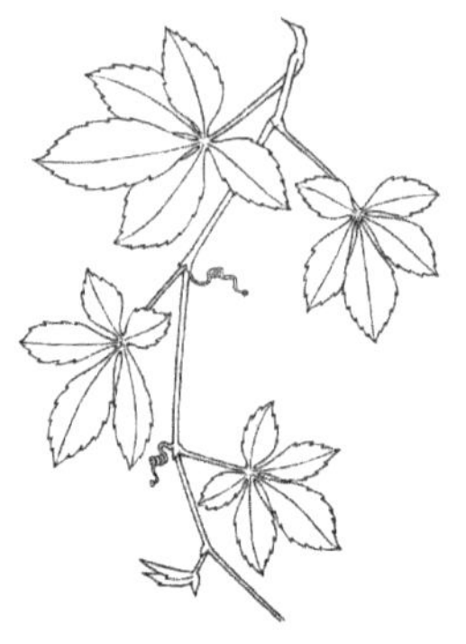

Espero que puedas notar las formas en que tu mente intenta mentirte. No es que no debamos confiar en nuestros pensamientos, sino aprender a discernir cuándo no están en sintonía con nuestra alma. La luz y la oscuridad no pueden coexistir por mucho tiempo; una debe finalmente superar a la otra. Incluso los más felices entre nosotros pueden caer en ese bolsillo oscuro —pero la buena noticia es que no tenemos que quedarnos allí. La mente es un jardín; lo que eliges alimentar, crece. No te interpongas en tu propio camino ni detengas el crecimiento que te busca.

La lluvia cae con fuerza en la última hora de lo que fue un día largo y cargado de emociones. Días como este ya no llegan tan seguido como antes, y por eso estoy agradecida. Pero cuando llegan... vaya que llegan con toda su fuerza.

¿Y de qué hablo realmente aquí? Hablo de los días que comienzan con sol y terminan invadidos por tormentas. Días que empiezan como cualquier otro, pero pronto destacan por todas las razones equivocadas. Hoy desperté sintiéndome sin descanso, sabiendo que mis decisiones determinarían si la tormenta sería desatada o no. Pero debo confesar que no tomé una decisión. Me dejé llevar por la mañana, sintiendo las ondas de emoción chocar cerca de la superficie. Aun así, ignoré la advertencia. Tomé mi café y me preparé mentalmente para el día que venía, sabiendo que mi inacción ya era una decisión en sí misma. Las ondas en mi mente se intensificaban, las olas crecían. Preparé mi desayuno intentando silenciar el ruido. De repente, una voz ajena irrumpió en mis pensamientos, y ahí estaba: la explosión.

Fue como si una bomba hubiera estallado dentro de mí, desatando un huracán de arrepentimiento, dolor y tristeza. Estaba enojada, y sentí la familiaridad de mi quebranto. Hice lo que mejor sabía hacer: me escondí. No para reprimir mis necesidades, sino porque aún no entendía quién era en momentos como ese. Los recuerdos de tormentas pasadas destellaron ante mí mientras me hundía más y más en un abismo contra el que no podía luchar.

Pequeña. Insignificante. Irrelevante. Olvidada. Estas palabras me acosaban y alimentaban el caos implacable que había tomado mi mente. La tormenta no reconocía la empatía ni el amor que intentaba invocar; en cambio, seguía alimentando su hambre con mi dolor. Cuanto más dolor absorbía, más satisfecha parecía, y yo no lograba detenerla.

Y de pronto, desde la oscuridad, desde las nubes y desde la tormenta, sentí una luz. Era suave, acogedora, alentadora y amorosa. Se extendía hacia mí y me llamaba, esperando que respondiera. Pero dudé. Dudé porque temía que las palabras que la tormenta me dijo fueran ciertas. Y si eran ciertas, ¿cómo podría ser digna de esa luz?

Entonces llegó una nueva comprensión: la luz era parte de mí, al igual que la tormenta. Ambas intensas, ambas reales, y ambas pruebas de mi humanidad.

— *Miércoles*

Hay más de una manera de vivir una vida con sentido.

Muchos de nosotros hemos luchado con el deseo de ser vistos, y en el proceso, hemos comprometido nuestra identidad y metas para encajar con la narrativa no dicha de cómo "debería" verse la vida en cada etapa.

Pero ese enfoque está tan equivocado.

Encontrar un sentido individual significa soltar la comparación; significa sanar las heridas de la infancia; significa dejar atrás la necesidad de agradar para que la mente y el corazón sean libres de sentir curiosidad.

El sentido surge de hacer las cosas sin el impulso de buscar aprobación en los demás. Surge de ir más despacio, de seguir tu propio ritmo, y no tomar decisiones simplemente porque "bueno, eso es lo que se supone que hay que hacer."

Nos hemos vuelto más codependientes y ansiosos que nunca, porque si no seguimos lo que hacen los demás, entonces debe haber algo mal en nosotros.

Y si hay algo que he aprendido últimamente, es que anhelamos desesperadamente ser vistos como buenos.

Pero la verdad es que somos nosotros quienes nos obstaculizamos cuando elegimos lo seguro y predecible en lugar de afrontar el dolor del crecimiento y la individualidad.

Y quizás eso sea lo que provoca el dolor en nuestros corazones desde el principio.

— más de una manera

Hace un tiempo escribí esto:

"Resulta que la ansiedad y la depresión eran un desajuste entre lo que mi alma anhelaba y lo que realmente estaba haciendo."

A veces se siente más seguro rendirse al caos que creer en el poder de nuestros propios pensamientos y acciones. Lo convertimos en el maestro de nuestra mente y, por lo tanto, un blanco fácil para culpar, porque culpar a cualquier otra cosa es mejor que culparnos a nosotros mismos.

Entonces vivimos con precaución y miedo, esperando que este monstruo invisible aparezca sin avisar y cause estragos. Jugamos la vida seguro y, en el proceso, nos negamos la oportunidad de vivir de verdad.

siempre supe que no sería una novia joven

Y, sinceramente, desearía haber dejado la vergüenza de lado mucho antes de lo que lo hice. Mientras otras niñas compartían sus visiones de felices para siempre, mi cabeza estaba en las nubes, perdida en ensoñaciones que nunca realmente se fueron. Pensé que algún día alcanzaría, pero lo único que cambió fueron los objetivos que me acompañaron en cada etapa de mi vida.

Desearía no haber necesitado permiso para sentirme cómoda con mi propia compañía, y aun así me encontré justificando mis decisiones una y otra vez. Desearía que alguien me hubiera dicho que hay más de una manera de vivir una vida con sentido, pero ahora me doy cuenta de que esa persona soy yo.

Está bien tener una visión para la vida, del mismo modo que está bien desear amor. Pero decir que todo debe lucir de una sola manera es absurdo; la vida es demasiado profunda y significativa para tener una sola plantilla. La única línea de tiempo que importa es la nuestra.

— novia joven

Cuando mi pasado me visita, viene en forma de una niña. Tiene mis ojos, mi sonrisa, y extiende su mano. La sigo, y me muestra los primeros días de mi vida. Observo las formas en que se moldeó mi corazón tierno, a través de escenas de mis días escolares y del amor que compartí con mis hermanos. Me repite mis graduaciones y mis relaciones, y las lecciones que permanecieron conmigo entre una y otra.

Cuando mi pasado me visita, viene en forma de una niña. Cada vez que veo la tristeza y la confusión en sus ojos, intento arreglarlo pero ella me detiene. "Paciencia," dice. "Recuerda que este dolor es temporal." Así que doy un paso atrás y observo cómo sus palabras se vuelven verdad.

Cuando mi pasado me visita, viene en forma de una niña. Una nueva emoción emerge mientras miro las imágenes de mi vida: gratitud. Agradezco este corazón tierno, y me alegra no haberlo desechado. Es la evidencia de una vida bien vivida, y aún tiene mucho más por dar.

Creo que debemos dejar de referirnos a la espera como a un monstruo que hay que vencer. La tratamos como una palabra sucia que debe susurrarse en lugar de gritarse. Esperar es lo que nos causa dolor mientras estamos en ello, y alivio cuando se va. Pero ¿y si le diéramos a ese dolor un nuevo nombre? ¿Y si lo abrazáramos como parte de nuestra historia?

Han sido muchas las veces en que he querido apresurarme en las temporadas agitadas, solo para mirar atrás y desear haber estado más presente. Esto es un recordatorio para mí de bajar el ritmo y apreciar cómo se ve la vida ahora, porque este momento es fugaz. Pero la verdad es que así es como la vida nos enseña: sin atajos y sin adelantos. Cada temporada deja una lección atrás, pero solo si estamos dispuestos a mirar de cerca.

De vez en cuando me encuentro repitiendo relaciones que nunca fueron, preguntándome en qué punto me equivoqué. Pienso en la vida que habría tenido y en si habría sido feliz. Es curioso cómo en ciertas estaciones de la vida nos convencemos de que no cumplir con ciertos hitos nos descalifica de alguna manera. Al menos así lo sentía entonces, aun sin saber realmente de qué estaba descalificada.

Al mirar atrás, veo cómo me movía entre la incertidumbre y una urgencia por demostrar mi valor. Me aferraba rápido a la idea de alguien y culpaba a sus inseguridades y dudas cuando las cosas no salían como yo quería. Anhelaba que un hombre me viera y apreciara quién era, pero aquí está la verdad: estaba esperando que alguien hiciera por mí lo único que yo no sabía hacer por mi misma. Nunca consideré cómo me estaba presentando en esos espacios; mi mente estaba demasiado fija en el rechazo constante que sentía.

Pero ¿sabes qué? Me alegra que haya pasado así. Me alegra que aquello por lo que oré se me haya retrasado, porque no habría sabido cuidar algo bueno. Tuve que aprender a mirar de frente la realidad de quién era y el dolor que cargaba y proyectaba. Ahora sé que no todos tienen la oportunidad de enfrentar sus defectos en soledad. Incluso lo llamaría un privilegio.

— bendiciones aplazadas

A veces me pregunto si donde estoy es realmente donde
Dios me quiere.

He pasado esta primera mitad de mis treinta luchando
contra la tristeza que ha acompañado grandes alturas.
Cada victoria ha proyectado una sombra, y a veces esa
sombra me impidió ver la bondad de tantos logros.

Incluso escribir esto se siente extraño;
Porque si algo es bueno, ¿no debería ser simplemente
bueno? O tal vez esa sea una forma muy ingenua de ver las
cosas, porque la realidad es que la vida no es tan simple.

No es blanco y negro, y sería increíblemente ingenuo
pensar que lo es pero Dios, ¿es aquí donde de verdad me
querías? Mirando desde la orilla mientras otros siguen
avanzando por la vida como "deberían."

¿Estoy atrasada? ¿O tal vez soy una excepción?
¿No me toca vivir eso también?
¿Estoy llamada a cuidar corazones adultos en lugar de
hijos?
¿Vierto mi amor en el llamado de mi vida en vez de en un
esposo?
¿Es ahí donde me quieres?

Dios, a veces desearía que me escribieras una carta para
calmar la incertidumbre de mi corazón.
(pero eso ya no sería fe, ¿verdad?)

— *carta a Dios, parte i*

24

Segunda Parte:
Invierno

Un invierno interior es un espacio dentro del corazón que se forma cuando le damos hogar al miedo. Comienza con una nevada ligera a la que no le damos importancia, y así seguimos con nuestras vidas normales. Apartamos la mirada por lo que parece un instante y no pasa mucho tiempo antes de resbalar y caer, y de que el hielo quede incrustado en todo lo que sentimos.

Y entonces nos congelamos. Forzamos la mente a huir, pero la huida no nace sólo de la mente. Aquello mismo que nos atrapó aquí no es lo que nos va a liberar. Rezar por la primavera no es suficiente; si queremos llegar hasta ella, necesitamos una mente dispuesta a atravesar la tormenta primero.

— *invierno interior*

Hay un punto en mi soltería en el que mi corazón se ha sentido silenciosamente invisible. Durante años observé desde lejos cómo mis amigas entraban en distintas etapas de la vida mientras yo permanecía en el mismo lugar. Sus títulos se convirtieron en esposas y madres, y yo seguía siendo solo "amiga". Y conforme pasaba el tiempo, quizá se acostumbraron a verme tal como siempre había sido. Pero no podía evitar sentir que la forma en que yo me movía por la vida no era tan valiosa como la de ellas. Mi cansancio no era como su cansancio, y mi ocupación parecía menor, porque la suya tenía a otro ser humano atado a ella y la mía no. Me he sentido pasada por alto más veces de las que puedo contar, por la manera en que mi vida se estaba desarrollando.

Hay una forma particular de soledad que entra en este espacio mental, junto con una esperanza silenciosa de que algún día seré vista sin tener que pedirlo. Pero así no funciona esto. Dicen que la comparación es la ladrona de la alegría, y siendo honestas, aquí no hay nada que comparar y nunca lo hubo. Nada de esto tuvo que ver con hacerlo bien o mal, y ojalá alguien me hubiera apartado hace años para ayudarme a entenderlo. Hay belleza en la singularidad de donde estoy, de la misma manera en que hay belleza en el camino de las mujeres que me rodean. No hay carrera, porque no existe una una meta final

A veces somos nosotras mismas las únicas responsables de crear las prisiones en nuestra mente de las que desesperadamente intentamos escapar.

Movernos más despacio. Entregarte a la humildad. Solo a través de una intención cuidadosa podemos evitar por completo el dolor del encarcelamiento.

— *una verdad incómoda*

Hay dos voces que me susurran en la cabeza por la noche: una me protege del monstruo del caos que visita mi cabecera, y la otra me conduce hacia él. Mi mente es un campo de batalla y algunas noches salgo como una vencedora cansada, lista para la lucha que la noche siguiente volverá a traer.

Pero cuando no lo soy, me convierto en la sierva ciega que obedece las exigencias del monstruo invisible hasta que quede satisfecha. No hay término medio; la elección es tomar prestado amor para atravesar la noche o permitir que el caos se alimente de mí.

— *depresión por la noche*

Aprendí mucho sobre cómo buscaba el amor observando a mi madre. Exploré su pasado y me pregunté por qué su patrón parecía ser el del amor no correspondido. En mi adultez temprana cargué con el peso de su felicidad, a veces a costa de la mía. Con los años, he llorado lágrimas que ella nunca conocerá, no provocadas por la indiferencia de su familia o de sus amigos, sino por la comprensión de que aún anhelaba el amor de su padre.

La indiferencia de mi abuelo proyectó una sombra sobre gran parte de mi crianza, a pesar de que nunca estuvo presente. El dolor que dejó pasó a ser mío en el momento en que mi madre me enseñó que, para recibir amor, hay que demostrarlo y ganárselo. Mi madre nunca ha sabido del todo que amar es permanecer quieta, y que ser amada es una sensación de tranquilidad. Su versión del amor siempre fue ansiosa, siempre ruidosa, siempre diciendo "mírame, aquí estoy". Y si nadie la veía, entonces significaba que no había hecho lo suficiente, que no se había esforzado lo bastante, y que ella misma no era suficiente.

Pero eso termina aquí.

— *la herencia de mi madre, parte i*

Ojalá no hubiera perdido tanto tiempo deseando los verdes pastos de lo que yo percibía como la felicidad de otras personas. Yo, como tantas otras, pasé mucho tiempo observando y anhelando las versiones cuidadosamente curadas de las vidas que veía en línea, preguntándome por qué la mía se veía tan distinta.

Ojalá pudiera abrazar a esa versión de mí con más fuerza, para recordarle que ser diferente está bien. Que no necesitaba comparar mi realidad con la de otros ni moldear mi camino para que cupiera en el molde de lo que creía una forma más valiosa de vivir.

La verdad es que no conozco todos los aspectos de esos momentos destacados que alcanzó a ver. Incluso las personas que conozco siempre guardarán secretos que quizá nunca llegue a saber, y creo que es una realidad que no siempre reconocemos. La verdad de una persona está limitada a lo que decide compartir con nosotras.

El mundo digital tiene una manera astuta de aprovecharse de nuestras carencias. Cuando no nos sentimos en nuestro mejor momento, deseamos una distracción de la realidad. Deslizamos el dedo, llenando la mente de narrativas que nos dicen que otras personas lo tienen mejor.

Así nos sentimos atrasadas. Nos sentimos menos. Y antes de darnos cuenta, lo que iba a ser una distracción rápida se convierte en otra prueba de nuestra incompletud, toda fabricada a partir de verdades
parciales.

— *el monstruo de las redes sociales*

A los amantes que nunca fueron: no debí esperar que regaran mis rosas cuando yo no lo hacía por mí misma. Ojalá no hubiera puesto tanta presión en que me desearan en mi tiempo, en lugar de permitirles descubrirme en el suyo. Dejé que la ansiedad y la inseguridad llenaran los vacíos por ustedes, y mi error fue no dejarlos hablar por sí mismos. Sé que vieron el caos, y no los culpo por no haber querido formar parte de él. Ahora lo veo como una variante de misericordia para ambos, en realidad. No sabía cómo cuidar mi corazón y, en mi desesperación, empujé todo eso hacia ustedes para que lo arreglaran.

Pero se los prometo: aprendí. Ahora sé cómo florecer por mi cuenta.

Y encuentro alegría en cuidar mi jardín. Busco el sol cuando mi ánimo se nubla y riego mis pétalos cuando necesito ser nutrida. He aprendido a soltar lo que no me sirve y a dejarlo ir como hojas en el viento. En lugar de lamentar lo que quizá perdí, le susurro a mi corazón que simplemente no era la estación para recibirlo. Hasta entonces, que pueda seguir dándome más tiempo, más paciencia y más amor, hasta que ese día llegue.

A veces las buenas personas no obtienen lo que desean. En mis estaciones de anhelo, recuerdo cómo mi mente solo quería enfocarse en aquello que no tenía. No estaba atenta a las victorias que iba recogiendo; no veía cómo estaba caminando dentro de los sueños de otros, porque lo único que veía era mi envidia por los suyos. Supongo que lo que intento decir es que cuando deseamos algo profundamente, solo vemos los verdes pastos de la vida ajena y nos olvidamos de regar la nuestra.

Pero ese tipo de anhelo me ha dejado hambrienta y ciega. Ha perturbado mi paz, ha alimentado mi propio caos y, al final, nunca me ha servido. Solo me ha enterrado más hondo en el rincón oscuro de mi mente, mintiendo sobre cuán lejos estoy de alcanzar la recompensa que tanto quería. En mi hambre de felicidad, me he faltado al respeto y he permitido que las personas equivocadas tuvieran acceso a mi corazón. Estaba entregando lo que debía ganarse, pero mi mente estaba ciega y, para aliviar el dolor, lo único que quería era comer del árbol equivocado.

A veces las buenas personas no obtienen lo que desean. Pero creo que eso es una mentira; a veces las buenas personas no obtienen lo que desean solo por un tiempo. Cuando estamos en una estación de anhelo, parece no tener fin, ¿verdad? Creo que la desesperación nos lleva por desvío tras desvío, sin darnos cuenta de que somos nosotras mismas quienes nos alejamos de la felicidad.

A veces no obtenemos lo que queremos porque no nos detenemos a quedarnos quietas y escuchar. Pero ¿cómo hacerlo, si nos enseñaron que la única forma de vivir es estar siempre obteniendo? Forzar al cuerpo a correr significa que la mente va arrastrada detrás, y si la mente va, va, ¿cómo puede detenernos para no comer del fruto equivocado? ¿Cómo podemos bajar el ritmo y darnos cuenta de que la victoria que perseguimos no borra las victorias que ya tenemos? Ahí está cómo cegarnos nos mantiene alejadas de la belleza que ya existe.

— *baja el ritmo y espera*

Lo que no me atrevo a decir es que a veces resiento la versión de ti que ella llegó a conocer. Su corazón no fue abierto por ti como lo fue el mío, pero no sería justo poner toda la culpa sobre ti. Yo elegí entregar mi corazón—todo mi ser—aun sabiendo que no había promesas, con la esperanza de que algún día cambiaras de opinión.

Pero he aprendido que no funciona así. No tenemos el poder de amar a alguien hasta hacerlo cambiar lo que siente por nosotras. No existe una fórmula para el amor, aunque nos guste fingir que sí. La verdad es que necesito soltar cualquier sentimiento que haya enterrado dentro de mí y que resienta el momento en que nos conocimos.

Ojalá hubiera sido más tarde. Tal vez entonces habría podido arrancar las heridas de madre que se interpusieron en el camino de dejarme amar. O quizá eso sea solo un deseo. Conocernos más tarde no habría garantizado que las cosas resultaran como yo esperaba.

Así es la vida, dijiste. A veces dos personas se encuentran y están fuera de estación la una para la otra. No es culpa de nadie, aunque el corazón quiera encontrar a quién culpar. Pero incluso cuando esto sucede, no significa que no haya amor en absoluto. El amor llega en muchas formas, en muchas versiones, y quizá, si tenemos suerte, recibimos lo que necesitamos y no aquello que queremos.

— *estaciones del amor*

Acomodé el papel de seda dentro de la bolsa de regalo y até con cuidado unas cintas de color pastel como toque final. Me detuve a mirar mi trabajo; este se sentía un poco distinto. He envuelto muchos regalos de baby shower antes, pero este despertó una mezcla de emociones que no lograba nombrar del todo. Estaba feliz por mis amigas, no había duda, y aun así, dentro de esa felicidad había un cansancio incrustado. Me avergüenza admitirlo, y me avergüenza aún más convertirlo en tema de escritura. Pero sé que esta combinación de emoción, amor y agotamiento es algo que muchas mujeres solteras en sus treinta viven. Simplemente no lo decimos.

Con los años hemos demostrado ser leales y fieles, buenas oyentes de las amigas que se convirtieron en esposas y madres antes que nosotras. Escuchamos sus dificultades; no siempre podemos relacionarnos, pero aun así nos mantenemos presentes. Las celebraciones de la vida no favorecen a quien está soltera, sino a quien se suma a sí misma a través del matrimonio y la maternidad. En cambio, recibimos buenos deseos y oraciones para que termine la "tragedia" de nuestra soltería, en lugar de oraciones para sentirnos plenas y encontrar paz en la estación en la que estamos. ¿No es curioso cómo funciona eso?

¿Por qué no nos reunimos para celebrar a la mujer que hace cosas extraordinarias? ¿A la que compra una casa o construye un negocio? ¿O a la mujer que por fin sabe lo que significa esperar bien? ¿Por qué no nos reunimos para aquella que aprende a romper las cadenas que heredó? La mayoría de las mujeres solteras no tiene la misma red de apoyo que la mujer comprometida o casada. Nuestro trabajo se hace en silencio y en soledad. Y aun así, se espera que celebremos los momentos decisivos de otras personas con una sonrisa que no titubea. Al final, nuestro "momento" llegará. Al menos eso es lo que siempre nos dicen.

He aprendido que quienes llaman a la soltería un regalo, la mayoría de las veces no están solas, y tampoco pasaron mucho tiempo siéndolo. Es fácil ofrecer frases generales de ánimo a la mujer en sus veinte, pero nadie sabe muy bien qué decirle a la mujer en sus treinta cuando aún está esperando. A veces, amigos y familia dejan de decir cualquier cosa. Tal vez se sienten incómodos. No lo sé. Pero el silencio es ensordecedor.

Lo que sí sé es que a la mujer realizada no suelen preguntarle cómo está; de hecho, es a ella a quien llaman quienes la necesitan. Se espera que dé y dé, porque de alguna manera siempre encuentra la forma de volver a llenarse.

Siempre lo hago, pienso, mientras mi mente regresa a las cintas pastel. Me detengo a observar mi trabajo, soltando las emociones que se habían ido acumulando dentro de mí. Tomo mi bolso, mis llaves y salgo por la puerta con una sonrisa en el rostro.

— *cintas de color pastel*

instrucciones para dejar de amar a alguien
I. *(dime cómo)*

Creo que todas llevamos una niña interior dentro, y a menudo me acuerdo de ella cuando me exijo una perfección imposible. Pienso en cómo sonarían mis palabras en sus oídos, y de inmediato mi lenguaje se vuelve suave. Pienso en cómo caerían mis pensamientos sobre su corazón, y aparece la autocompasión. Si creo de verdad que ella es tan digna de mi alegría, entonces yo también lo soy. Y si soy tan firme en proteger a esa niña interior que vive en mí, entonces puedo hacer lo mismo por la mujer que soy ahora.

Me enseñé a embotellar la ira y los celos y a llevarlos como perfume

Era su aroma el que rondaba mis palabras, sutil y persistente

"Estoy bien"

"No pasa nada"

No soportaba dejarte saber que esta parte de mí existía

Luché por controlarla, por enterrarla dentro de mí

Hasta que un día desperté y simplemente ya fue suficiente

— *perfume*

Hija, hay unas palabras con las que llevo dentro
desde hace tiempo. Ojalá hubiera tenido el valor de
decírtelas cuando eras niña, pero quizá me inventé
excusas porque tenía demasiado miedo de enfrentar
mis verdades… y por eso lo siento. Verás, no era que
nunca te hubiera amado. Estaba herido. Y como hombre
orgulloso, odiaba sentir que perdía el control frente al
amor que tenía por tu madre. Pero Dios mío, ella sabía
exactamente cómo llevarme al límite. Veía a través de
los muros que levanté; era mi espejo.

Reflejaba las peores partes de mí y no pude soportar
la imagen del hombre en el que me había convertido.
Pero el orgullo fue mi amo, y en lugar de hacerme
responsable de quien era, descargué mi vergüenza
sobre ti, sobre mi familia.

En vez de sanarme, busqué mujeres más fáciles y me
distraía con ellas. Creé nuevas familias, pero nunca
olvidé la primera. Ojalá hubiera tenido más tiempo para
amarte como lo merecías y decirte que nunca hubo nada
mal en ti. Perdón por las tantas veces que te aparté
cuando llorabas conmigo. Escondí mis propias lágrimas
del mundo, sabiendo que me había perdido en una
tormenta creada por mí mismo, desesperado por volver
a aquello que sabía que era bueno.

Pero no tuve la fuerza para hacerlo, y quizá ese sea el
gran arrepentimiento de mi vida. Cuando estuve cerca
de regresar a ti, elegí la comodidad de lo conocido en
lugar de la incomodidad temporal necesaria para
alcanzar algo mejor. Pensé muchas veces en ese
momento después.

Cuando creciste, honestamente pensé que ya era

demasiado tarde. Pero tuviste misericordia de mí. No merecía tu bondad ni tu compasión en mi vejez. Y aún así, estuviste ahí. Y nunca dejaste de estar.

Construiste una vida hermosa, a pesar de las heridas invisibles que dejé en tu alma. Luchaste, sí, pero perseveraste. Te mantuviste firme en el conflicto de maneras que yo nunca habría podido. Eres mucho más fuerte que yo, y espero que en tus recuerdos no sea recordado por mis errores, sino por la reconciliación que logramos.

Lo lograste, mi niña querida, lo lograste.

—*cosas que desearía que mi abuelo le hubiera dicho a mi mamá*

Una nueva estación trae la muerte de las viejas formas. Y, sin embargo, no es la muerte lo que lloramos, sino la pérdida de la piel que dejamos atrás. Tememos el dolor de soltar, sin darnos cuenta de que hemos adornado cargas antiguas como si fueran consuelo. Nos susurramos "nada cambia hasta que algo cambia", fingiendo que la magia de la transformación no está en nuestras manos.

Y aun así, es la sabiduría de nuestro pasado la que guía nuestros pasos. No es el camino lo que es nuevo, sino la conciencia de un nuevo nosotras. La versión de nosotras que hemos estado esperando con paciencia y descubriendo desde siempre.

Al abrir mi corazón para lo que viene después, primero
debo hacer espacio:

Suelto la sensación de ser una impostora
Me he ganado estar aquí, y mis palabras necesitan
ser escuchadas ahora.

Suelto el estar actuando
Proteger los sentimientos de los demás no es una carga
que me corresponda. Hablaré con libertad cuando no
esté satisfecha y hablaré amor sobre aquello que me hace
crecer.

Suelto el miedo
Esta compañera constante ha sido una opositora en mis
batallas internas, pero hoy se queda atrás.

Tercera Parte: Primavera

Creo que la mayoría llevamos dentro el sol de una primavera interior, esa que logra imponerse en lo más denso del invierno para recordarnos que quizá ya tenemos lo que necesitamos para volver a empezar.

Aquí, la luz se entrelaza con la oscuridad; es el lugar donde la incomodidad se encuentra con la esperanza, y donde la perseverancia empuja y vence la adversidad del mismo modo en que una flor debe abrirse paso entre la tierra para florecer.

Es el espacio de la mente que se deleita en la lucha por convertirse en más.

— *primavera interior*

He estado pensando mucho en la inseguridad y la comparación estas últimas semanas, así que hice un viaje por el camino de los recuerdos (como suelo hacer) cuando no logro sacudirme ciertos pensamientos y/o emociones.

Y me di cuenta de esto:

Probablemente tenía ocho o nueve años cuando estas ideas se sembraron en mí por primera vez. Me comparaban constantemente con mis primos en las calificaciones, la estatura, las habilidades deportivas, la educación, la forma de comer y tantas cosas más. Me alimentaron con la idea de que no era suficiente por mí misma y de que tenía que imitar a otros para ser digna o valiosa. Sé que los adultos en mi vida jamás imaginaron causar el dolor con el que aún lucho hoy, pero mentiría si dijera que no hay días en los que batallo con la ira y la tristeza por ello.

Ahora me enfrento a una serie de elecciones: ¿culpo a otros y me quedo atrapada en este ciclo particular de dolor? ¿O tomo decisiones que me lleven a liberarme de él? Las brechas en mi confianza no siempre pueden llenarse con la afirmación o la validación de los demás. Si hay inseguridad en mí, debo mirar las formas en que creo que me falta algo y actuar para convertirme en una mejor versión de mí misma. Si hay un hábito de comparación dentro de mí, eso me dice que no estoy participando lo suficiente en las cosas que me dan alegría.

En definitiva, tengo que transitar mi propia vida de una manera que me haga sentir orgullosa de mí misma, y para eso no hay sustituto.

— brechas

Son las 6:30 de la tarde y estoy de pie en mi cocina, añadiendo una pizca de sal a lo que pronto será mi cena. Hay un piano sonando suavemente de fondo y, de pronto, soy muy consciente del suelo frío bajo mis pies descalzos. Miro por las ventanas de mi tercer piso y alcanzo a ver los últimos tonos violetas de un atardecer de otoño. La suavidad del momento parece fuera de lugar por un instante. No hay niños jugando, ni caricaturas en la televisión, ni una gran cena preparándose. Y no hay un esposo llegando del trabajo; solo yo, en la quietud.

Mi corazón comienza a llorar de duelo por lo que no está. Pero también llora de gratitud por lo que sí está. La satisfacción y la paciencia se han vuelto mis amigas. Me he dedicado a esperar bien y eso ha transformado la forma en que amo. He aprendido a abrazar los pequeños lujos que la vida me ha regalado, consciente de que estoy viviendo aquello que otras mujeres anhelan y quizá nunca tendrán. Hay algo extraño en sostener a la vez el duelo y la gratitud en las manos, ambos fluyendo con ligereza y pesadez al mismo tiempo.

Mi mente sueña con esperanza y teme con desgarro, y nunca he sido ajena a cargar dos emociones opuestas a la vez. El corazón es capaz de hacerlo, y cualquiera que se considere una "gran sentidora" lo sabe. De algún modo, ha sido mi norma durante años; la expresión externa de alegría al celebrar a otros en contraste con el anhelo silencioso que se colaba en mi soledad.

Y aun así, aquí, en este espacio, la soledad se siente distinta. Aquí, en la vida que he construido, hay restos de alegría que solo pudieron haber ocurrido en esta estación de mi vida. No llegue tarde a esto, me lo recuerdo. *Estoy exactamente donde necesitaba estar hoy. Y estaré donde necesito estar mañana.*

Mi cena sigue cocinándose y mi atención vuelve a la calma de mi apartamento. Enciendo una vela y la coloco sobre la mesa del comedor. Me quedo mirando la llama que baila por un momento, descansando en el ahora. Por ahora, solo estoy yo en esta quietud, y eso lo es todo. Es suficiente.

— *soledad*

Hoy me senté con las partes más feas de mí misma. Está hecha de tristeza, rabia y celos, pero tiene ojos amables. Dice palabras bonitas que no son reales, y su boca está hecha de tormento.

La invité a sentarse conmigo porque estaba cansada de que se alimentara de mi alegría. No llegó en silencio, pero, honestamente, no pensé que lo haría. Le gusta cuando finjo que no existe, pero sé que me observa en silencio hasta que decide hacerse notar. Durante mucho tiempo agité una bandera blanca y le rogué que me dejara en paz... pero ya había hecho de mi mente su hogar. Y quizá la dejé quedarse porque echarla era demasiado doloroso. No quería admitir que yo era la razón por la que seguía ahí desde el principio.

Aceptó sentarse conmigo y me observó con cuidado, lista para hechizarme con sus palabras. Pero hoy decidí que nuestro encuentro sería distinto. La arranqué de mi mente, y no dejó de gritar mientras lo hacía.

Y al final, estaba más que bien. Por fin lo había logrado.

La rendija en las persianas dejó entrar los primeros destellos del sol de la mañana, despertándome con suavidad. Un resplandor naranja y tenue rompió la oscuridad de mi habitación, lo justo para conectarme con las promesas de un nuevo día.

Me levanté, me estiré; el corazón se me llenó de gratitud por el cuerpo que habito. Los otoños recientes no me habían permitido ser amable conmigo misma, pero ese patrón es uno que hoy elijo detener. Me he dejado robar demasiado tiempo.

Estoy en calma.
Estoy a salva.

Me hice creerlo. ¿Cómo puedo salir y cumplir mi propósito si antes no me muestro mi propio amor?

Antes pensaba que era una rareza emocional:

Desesperada por atención pero nunca dispuesta a
ocupar espacio
Lista para escuchar pero nunca dispuesta a hablar
Una contradicción ambulante, siempre buscando
encontrar su lugar

Pero aprendí que lo que estaba viviendo no era una
rareza en absoluto
Sino un anhelo de permiso para simplemente ser
Un anhelo de oportunidades para revelar mi corazón
Y un deseo de ser verdaderamente vista

Aprendí que al depender de otros para darme ese
permiso

Estaba entregando mi propio poder y mi propio amor
Porque no hay sustituto para el permiso que solo puede
venir de mí

He aprendido que no hay nada que pueda reemplazar el tesoro de una mente en paz. En un mundo que vende estrés con facilidad y nos convence de comprarlo, he probado la bondad de la tranquilidad lo suficiente como para silenciar los antojos del caos.

He aprendido que el espectáculo es el lenguaje con el que se capta la atención del mundo, pero no deja más que un regusto de vacío. ¿De qué sirve una actuación fingida que no transforma nada? ¿De qué sirve una subida momentánea de dopamina si nos deja iguales? He probado la bondad de la tranquilidad lo suficiente como para silenciar los antojos del caos.

He aprendido que perseguir los picos conduce inevitablemente a las caídas. La vida está hecha para contener ambas cosas, pero la naturaleza humana calcula. Peleamos batallas que no son nuestras y rogamos al universo que sea bueno con nosotras, pero no se puede negociar con la vida. No podemos provocar una batalla y no esperar participar en la guerra. He probado la bondad de la tranquilidad lo suficiente como para silenciar los antojos del caos.

— *nuevo tesoro*

Estoy tranquila

Estoy en silencio

No soy vista

Soy oscuridad

Soy luz

Soy paciencia

Soy lucha

Soy soñadora

Soy amante

Soy hermana

Soy amiga

Soy arte

Soy pensadora

Soy paz

Estoy en silencio

Estoy tranquila

La semana pasada, una amiga me preguntó: "¿Cuándo fue la última vez que te sentiste verdaderamente feliz?"

Tuve que quedarme con esa pregunta, porque sentí una incomodidad surgir en el pecho al no tener una respuesta inmediata. Sobre todo porque creo que la mayoría de las personas sí la tendría, y no "necesitaría un momento" para una pregunta tan simple como esta. Pero detuve mi mente ahí mismo; la comparación nunca es un juego que se gane y, si voy a cumplir mi promesa de amarme, eso incluye la forma en que piensa mi mente. Con suavidad, me acerqué a ella.

Y dijo esto:

Ya no persigo la felicidad, porque la felicidad, como toda emoción, es pasajera. La felicidad depende de momentos que no duran y no se puede controlar. La felicidad es adictiva; puede llevarnos a perseguir subidas baratas para mantener el ritmo de la "felicidad" percibida de los demás. Pero, como todo subidón, tiene que caer. Me preocupa más lo que queda después de esa felicidad. ¿Es caos? Si lo es, entonces la felicidad es solo una evasión, ¿no? Pero si es paz —y espero que lo sea—, entonces eso es más constante. En mis años más jóvenes perseguí una felicidad aparente, pero en mis años más sabios elijo buscar la paz. La paz no es fugaz; es firme y serena, y no me hace esperar la próxima vez que vuelva a encontrarla.

Ten cuidado de no consumirte tanto en ser percibida
como "buena" que te pierdas a ti misma fingiendo no
tener defectos.

La vulnerabilidad no es distinta a la desnudez; revela
quién eres y deja que el mundo elija amarte o no.
Pero, aún en medio de eso, elige amarte a ti misma
de todos modos.

Estoy sentada cerca de una gran ventana en una casa junto al mar del Norte, observando a un anciano jugar a lanzar la pelota con su perro. Sobre él, las nubes son de un gris oscuro, con destellos de luz dorada brillando sobre los árboles que quedan detrás. La escena parece una postal detenida en el tiempo.

Este momento en sí se siente un poco irreal. Pienso en la combinación de instantes que debieron alinearse a la perfección para traerme hasta este rincón del mundo. Mi mente se pregunta por los miles de desconocidos que cruzo cuando estoy en lugares que no son hogar. Me pregunto quiénes son y por qué van con tanta prisa. Me pregunto si están teniendo un buen día o si acaban de recibir una noticia que les cambió la vida. Podrían estar viviendo el peor día de su existencia y ninguno de nosotros lo sabríamos.

Cada uno guarda un universo que solo alcanzamos a conocer por unos segundos. Es asombroso cuánto me doy cuenta de que me pierdo cuando no hago la intención de ir más despacio. Quizá un descanso de la norma de la prisa sea lo que la mente necesita de vez en cuando... un descanso que deje espacio para notar los pequeños momentos, como un anciano jugando con su perro junto al mar.

— *sentada en Kent*

Cuando era niña, aprendí sin querer que estar ocupada era ser valiosa. Cuando fui adolescente, se me confirmó que estar ocupada era ser valiosa. Cuando me convertí en adulta, con el tiempo aprendí que estar ocupada exigía el sacrificio de las cosas que amaba. Estar ocupada significaba logro; estar ocupada significaba estatus. Pero en realidad, "estar ocupada" significaba sacrificar mi paz, y con el tiempo eso se volvió demasiado costoso.

Así que maté a la "jefa imparable" porque pedía demasiado. Aprendí a ir más despacio e invité a mi suavidad a mostrarse. Con paciencia y amor, ella me ha enseñado cómo la prisa se convirtió en una distracción de aquello que tenía miedo de enfrentar. Estar ocupada no significaba ser valiosa… significaba fingir que estaba bien. Estar ocupada era una forma de ocultar que me sentía insignificante y pequeña. No había estatus en eso, así que dejé caer esa coraza dura y permití que una nueva versión de mí floreciera.

La prisa ya no es uno de mis amos invisibles. En su lugar, me apoyo en la sabiduría que solo la lentitud puede ofrecer. Me he vuelto más tierna y más amable conmigo misma, de una manera que me permite expresarme sin las cadenas de restricción y miedo que antes me ataban. El ruido se ha ido; y todo lo que queda es la plenitud de quien elijo ser.

— *matar la prisa*

Una vez estaba sentada en un café cerca de mi casa, observando a la gente pasar y distrayéndome con entusiasmo de escribir páginas. Salió apresurada una mujer joven, sin duda corriendo contra el reloj y una lista de pendientes que sonaba fuerte en su mente. Desde atrás, su cabeza estaba ligeramente inclinada, como si buscara la manija de la puerta. Empuja. Nada. Empuja. Nada. Empuja. Nada. Frustrada, suspira y se da la vuelta y sale por la puerta de atrás. Miré la puerta: decía jale.

Ella no lo notó, a pesar de que su mirada parecía alineada con el letrero. Creo que si se hubiera permitido pausar un momento, después del primer o segundo intento habría podido corregir su error. En cambio, dejó que la derrota (y quizá la vergüenza) ganará. Este pequeño encuentro me hizo pensar: ¿con qué frecuencia nos movemos por la vida de esta manera?

¿Estaríamos dispuestas a no empujar lejos la incomodidad si supiéramos que nos llevaría al destino que deseamos? ¿O, si bajamos el ritmo, podríamos ajustarnos y jalar hacia aquello que está destinado para nosotras?

Hace poco alguien me pidió algunos consejos sobre el amor propio, y le dije esto: date permiso de no gustarte tal como eres ahora. Si quieres amarte de verdad, empieza por ser honesta con las cosas que necesitan cambiar y ámate lo suficiente como para hacer esos cambios. Si no haces lo necesario para recibir tu propio amor, te costará recibir el amor de cualquier otra persona.

El tiempo es un ser sabio que no comete errores

Aquello que una vez esperamos en la oscuridad

Ahora será nuestro regalo en la luz

A veces tememos la espera porque perdemos la
esperanza de que nuestro deseo llegue alguna vez a ser
nuestro

Pero el tiempo nos recuerda que, mientras esperábamos,
nosotras mismas nos convertimos en el regalo que
daremos al amor por el que hemos orado con ansiedad

Me di cuenta recientemente de que, para ser mejor de lo que fui ayer, tengo que elegir hoy —y cada día— sentir curiosidad por todos mis aspectos. Es a través de la suavidad de mi corazón y la gentileza de mi mente que mi yo más verdadero fluye.

La mente es un jardín; aquello que elijo regar es lo que crecerá. Si nutro las rosas del propósito, florecerán. Si nutro los lirios de la paz, prosperarán. Pero si elijo dar mi atención a las malezas de los celos o de la ira, ellas también crecerán.

Cada elección alimenta o deja morir el jardín; y no le corresponde a nadie más que a mí decidir qué prospera.

Creo que estoy lista para dejar de sentir vergüenza por anhelar compañía. Sin adornos ni espectáculo; solo la presencia calma y constante de alguien que sé que me sostiene. Ya no me siento mal por no haber querido esto antes. He dejado atrás la culpa de mi inmadurez pasada.

La vida me ha traído hasta aquí por este camino, y declaro abiertamente mi amor por cómo resultó. El anhelo no es una emoción desperdiciada cuando nace del amor, creo. A medida que he crecido, he sembrado semillas de nuevos deseos. A su debido tiempo, el fruto de mi espera llegará cuando tenga que llegar.

Al final de mi vida, mi único deseo es saber que pude florecer con toda mi capacidad allí donde mis pies fueron plantados.

Dejar atrás cada gota de mi amor y de mi compasión, sabiendo que no las necesitaré conmigo hacia donde me dirijo después.

El día en que repose en mi lecho de muerte, deseo no lamentar los recuerdos para los que no hice tiempo.

El arrepentimiento no será mi compañía, porque he visto lo que le hace a los corazones arrepentidos.

Pero la vida no nos da avisos; no tengo garantizado el lujo de saber cuándo partiré.

Así que no me queda otra opción que florecer desenfrenadamente cada día, incluso cuando no tenga el corazón para hacerlo.

Así que Dios, ruego que mis manos sean bendecidas para elegir presentarse incluso cuando mi mente no esté dispuesta.

Salí a caminar hoy y pensé en la bendición de la soledad. Al acercarme a otro cumpleaños más, no puedo evitar pensar que esto no es exactamente como había imaginado mi vida. Creí que ciertas cosas ya habrían ocurrido (ya sabes, esas cosas que todos dicen que debemos hacer), pero mi realidad es que aún no han pasado. Y, siendo honesta, no hay garantía de que vayan a pasar. Y me pregunto: ¿puedo hacer las paces con eso? Hay días en los que es difícil ser una excepción entre amigos y familia, y hay otros en los que atesoro las bendiciones que solo llegan al vivir sola. La verdad es que habrá un tiempo en el que quizá extrañe a la versión de mí que existe ahora. Y qué desperdicio sería si lo pasara cuestionando el futuro en lugar de vivir en la plenitud de lo que tengo frente a mí.

— *bendiciones silenciosas*

¿Qué haría si fuera libre, verdaderamente libre?

Pues, para empezar, los moretones de mi ego por fin se borrarían porque dejaría de golpearme tanto. El lenguaje de mi mente se volvería más suave, y no tendría tanto miedo de abrazar mis carencias, de preguntarme por qué las dejé llegar ahí en primer lugar.

Si fuera libre, asumiría lo mejor de mí sin pensar dos veces para quién estaba actuando.

Si fuera libre, me envolvería en ternura y coronaría mi cabeza con amor incondicional, como una madre primeriza abraza a su hijo.

Lo que he aprendido sobre la libertad es que es una elección diaria. Los mismos pensamientos que dañaron mi mente son los que tienen el poder de sanarme y liberarme de las prisiones de mi propia creación.

La puerta de mi libertad ha estado abierta todo este tiempo.

La semana pasada abordé un avión y escuché una conversación que ocurría en la fila detrás de mí. Las voces pertenecían a dos hombres, probablemente de finales de sus veintes, que compartían emocionados con su vecina que aquel era el primer vuelo de uno de ellos. Ella se unió con alegría a su entusiasmo y, cuando llegó su incredulidad, le preguntó por qué había tardado tanto en volar. "Simplemente no hubo una oportunidad", dijo él. Y eso fue todo.

Me quedé con ese intercambio, consciente de mi propia reacción al escuchar a alguien vivir algo así tan tarde en la vida. Pero me detuve ahí; ¿qué hacía que esto calificara como *tarde*? ¿Por qué nosotros —incluyéndome— seguimos encasillando ciertas experiencias en marcos de tiempo en los que *deberíamos* hacerlas? No sé nada sobre la historia de este hombre. Quizá no tenía los medios económicos para hacerlo, o tal vez simplemente no le interesaba volar antes —y eso también es válido. El tiene derecho a hacer las cosas a su ritmo, y tú, quienquiera que seas, que estés leyendo esto también.

No permitas que otros te convenzan de que todo lo valioso en la vida solo puede suceder en la juventud. Los nuevos comienzos son igual de hermosos a los sesenta que a los veinte. Aquello que no viviste en tu adolescencia no pierde valor solo porque lo vives una década después que los demás. Dejemos de fingir que la vida termina a los treinta, o a los cuarenta, o a los cincuenta. Termina cuando termina, y hasta entonces vuelve a comenzar con cada amanecer.

— *primer vuelo*

Una nota para las mujeres: cuando te sientes insegura contigo misma, no es responsabilidad de un hombre calmar ese caos por ti. Ningún hombre ni ninguna persona puede amar a una mujer insegura hasta volverla segura; ese cambio sólo puede venir desde dentro de ella.

Comienza con la valentía de admitir que somos imperfectas. Algunas de mis mayores victorias han llegado después de largas noches de llanto, en las que me observo con honestidad y acepto que estoy aquí a causa de las decisiones y los hábitos que yo misma he creado. ¿Eso me convierte en una mala persona? No, solo imperfecta, como todos los demás.

Pero la conciencia no es suficiente. Para ser libres, para crear cambio, debemos amarnos lo suficiente como para no permanecer iguales. ser segura es amar a la versión de ti que está en proceso, a pesar de la imperfección. Es entonces cuando abres el corazón para ser amada de vuelta.

Así es como estoy aprendiendo a prepararme para el amor que deseo.

A veces deseo poder tomar la mano de la niña que fui
y decirle que ella era suficiente

Que no se preocupe por hacer felices a todos sin pensar ni
un segundo en sí misma

Que no se sienta presionada a actuar a cambio de
aprobación

Desearía decirle que guarde un poco de lo que da solo
para ella

No la haría egoísta, y no haría enojar a nadie

Nunca tuvo que ser perfecta

No tenía que jugar a creer, ni moldearse para convertirse
en la chica ideal de nadie

Ojalá pudiera tomar su mano y decirle que era suficiente
tal como era

Que ya era exactamente como necesitaba ser

— *suficiente*

Para hacer espacio a lo nuevo, debemos aprender a
despedirnos de lo viejo, y rompernos nuestro propio
corazón en el proceso. Nos pelamos la piel, arrancándola
capa por capa hasta encontrarnos desnudos frente al
espejo, buscando desesperadamente a la nueva persona
que se esconde dentro. Construir una nueva vida es
como plantar un jardín; no puede hacerse sobre terreno
rocoso. Con dolor arrancamos las malas hierbas, tirando
de nuestras almas hasta sentirnos casi vacíos. Con
desesperación sembramos entonces las semillas, ansiosos
por que lleguen las flores. Pero eso no es suficiente para
garantizar la floración.

Un jardín necesita ser nutrido para que su cuerpo crezca;
no puede apresurarse. Debe exponerse al sol y ser
lo suficientemente valiente para resistirlo. Un jardín
necesita una mano paciente que aparezca cada día,
aunque solo sea para observar desde lejos, y en silencio.
Y entonces, al final, cuando toda la paciencia, todo el
cuidado, y toda la valentía se unen, una y otra vez, y otra
vez... es entonces cuando se atreve a florecer.

— cambio

He notado que a veces hacemos este pequeño baile en el que terminas recordándome cuánto significo para ti.

Creo que solo quiero ser especial en tu vida, y ese deseo a veces nubla mi capacidad de ver todas las maneras en que ya lo soy.

— *especial*

Antes me llamaba "sola"

Pero a medida que maduro, más me doy cuenta de que la
soledad puede ser un síntoma de una alma desconectada

Es una acumulación de negarme a mí misma, de un amor
propio mal dirigido

Es un resultado de flotar por la vida y dejar de participar
en ella

Pero al aprender a comprender mejor mi mente y mi
corazón

Me di cuenta de que de la misma manera en que llegue
a un lugar de soledad, también podía guiar mi mente de
regreso a la reconexión con mi corazón

Puede que haya tomado algunos desvíos para llegar
hasta aquí, pero llegué

Y aquí, mi corazón reconoce que el tesoro que buscaba
había estado dentro de mí todo este tiempo

— *sola*

En mi nueva estación, ya no tengo miedo de envejecer. Me imagino sentada cada mañana en la mesa de mi cocina, libre y ligera, dejando que mis palabras fluyan sin rastro de duda ni vacilación. Imagino mis acciones arraigadas en la certeza de quien me he moldeado para ser.

Las fechas límite que me impuse en mi juventud de pronto ya no importan tanto. Lo que antes definía como una "buena vida" ya no es relevante para la persona en la que me he convertido.

Hay libertad en soltar las expectativas del pasado para hacer espacio al ahora. Pero primero debemos tener el valor de liberar aquello que nos mantiene pequeñas.

Espero recibir lo que viene con un corazón agradecido que no olvida el camino que fue necesario para llegar hasta aquí.

Cuarta Parte: Verano

Un verano interior arde con anhelo y entusiasmo;
nos explota con alegría
a la curiosidad
a la pasión

Enciende el fuego interior que se convierte en una
gloriosa obsesión, cubriéndonos de valentía para actuar
y con una audacia sin miedo para soñar.

— *verano interior*

Todo lo que alguna vez has querido y esperado ser está al otro lado de tu valentía. Aprende a hacerte amiga de la incomodidad, incluso si toma tiempo. Puede que te sorprendas gratamente de lo que eres capaz cuando te permites quedar al descubierto ante lo desconocido.

Cuanto antes podamos aceptar que somos imperfectos y hacernos cargo de nuestros errores, antes podremos dejar de gastar energía intentando demostrarnos y simplemente ser. Cuando sentimos el impulso de discutir y probar, estamos funcionando desde un lugar de carencia e incertidumbre. El verdadero empoderamiento es admitir cuando estamos equivocados, no en convencer a otros de que tenemos razón.

Puedes desear todas las cosas hermosas para alguien con cada parte de tu ser, pero nada de eso importa si no se abren a la posibilidad de más.

No supliques que acepten la bondad de tus dones sabiendo que no serán guardados como tesoros.

No te derrames en personas que no desean devolver lo mismo.

Un alma generosa necesita alimento para florecer, de la misma manera que un girasol necesita la luz del sol para prosperar.

Digo esto con amor:

A veces exageramos nuestras situaciones al añadir
emociones innecesarias. Recuerda, esas son pasajeras.

Cuanto más te haces amiga de la incomodidad, más
espacio creas para conectar con la plenitud de quien eres.

Una gran parte de no saber esperar bien nace del miedo; actuamos de manera prematura porque tememos que nada mejor llegue.

Pero esperar a que algo suceda es una forma pasiva de vivir la vida.

Nada cambia hasta que algo cambia. La vida está sucediendo hoy.

Por la mañana, antes de que tus pies toquen el suelo,
has sido elegida para recibir mil milagros en un solo día.

El acto de detenerte a tomar un respiro es un milagro.
El funcionamiento de tus pulmones es un milagro.
La belleza de tu conciencia es un milagro.
Estar viva es un milagro.

Y aun así, es tan fácil pensar en mil razones por las que
no somos suficientes y/o no tenemos lo suficiente.

Que esta nota sea un recordatorio: Eres una infinidad de
tesoros.

Y tus milagros te están esperando.

— *mil milagros*

La flor vive muchas vidas
Comienza pequeña
Y no lo piensa dos veces respecto a lo que su vecina
pueda decir de ella

Crece con la ayuda del sol y la lluvia,
Sin cuestionarse ni una sola vez si merece o no su ayuda

La acepta con facilidad en su espíritu y gracia en su pos-
tura
Dependiente lo es por un tiempo, sin disculpas

Hasta que un día tiene la fuerza para florecer por sí sola
Y florecer, lo hace

Hasta que un día su vida breve llega a su último día
Pero al marchitarse, aún ofrece un regalo:
Deja sus frutos al partir

Pero de nuevo, regresa, buscando el sol y la lluvia
Su belleza floreciendo y, sin lugar a dudas, honrando a la
naturaleza con su existencia.

— lecciones de las flores

recordatorios para cuando necesitas cuidarte:

- Baja el ritmo

- Disfruta el aroma de tu café

- Enciende una vela

- Ponte bajo el sol

- Cree en tus capacidades

- Envía una nota de voz a una amiga

- Escucha la banda sonora de tu película favorita

- Compra flores

- Date un baño

- Deja algo para después

- Abraza a alguien cercano

- Sal a caminar

Para las niñas de piel morena:

Que tus pies te lleven a lugares a los que tus ancestras no pudieron llegar
Que tus ojos vean un mundo donde haya un lugar para ti
Que tu boca no tema pedir lo que vales
Que tus manos creen espacios donde nuestras niñas del futuro puedan pertenecer
Y, por encima de todo, que tu corazón permanezca siempre inquebrantable

Tu nombre le ha sido familiar a mi alma por más de seis

mil días, y a pesar de las pausas a lo largo de los años,

mi corazón sigue atado al tuyo.

Incluso en temporadas de extrañeza y distancia, es tu

nombre al que responde mi ser.

Desbloquea recuerdos de un tiempo antes de que la vida

se volviera dura;

Un tiempo en el que todas nuestras fantasías aún tenían

la posibilidad de hacerse realidad.

— *amistad*

El amor suave es el amor más subestimado, en mi
opinión.

Mientras otros necesitan espectáculo, para mí fueron
los momentos tranquilos, los gestos atentos, los que lo
hicieron todo—
Fue la forma en que supiste que me encantaría recorrer
librerías después de almorzar por primera vez. Fue
cuando me trajiste lactaid antes de cada brunch para
asegurarte de que pudiera disfrutar mi comida. Para
mí, fue tu voz paciente la que me tranquilizó la primera
vez que lloré frente a ti. Fue la forma en que jalabas
mi cabello en broma, sabiendo que me volvía loca
(en el mejor sentido). Para mí, fue el aroma de tu piel
quedándose en mi suéter después de un largo abrazo.

Noté que ninguno de estos momentos fue
particularmente estruendoso. Todos fueron momentos
pequeños. Y aun así, cuando pensamos en lo que vuelve
preciosa a la vida, es la suma de millones de momentos
pequeños como estos, entrelazándose entre sí por puro
azar. Quizá fue un accidente que nos encontráramos…
pero empiezo a creer que no fue ningún accidente en
absoluto.

— *amor suave*

Un día espero mirarte y notar la forma en que mi corazón se expande al pensar en el millón de pequeños momentos que nos trajeron hasta aquí. Espero aferrarme a las lecciones nacidas del dolor de esperar y de haber sido moldeada por los "no" que encontré... nada de esto fue un accidente; todo cuidadosamente creado por Dios.

Un buen amante no se define por la forma en que toca mi cuerpo, sino por cómo escucha a mi alma. Su presencia es suave, pero firme, imperturbable ante el caos de mi mente o las preocupaciones de mi corazón. Sus manos no se mueven solo por placer, sino para recordarme que está aquí para quedarse.

Recuerda: un buen compañero sexual es fácil de conseguir, pero un buen amante es un tesoro por encontrar.

Eres "desconocido"
A veces pienso en todas las personas con las que
me cruzo, cuyas vidas no conozco hasta que un día,
por una pequeña casualidad, lo hago. Me pregunto cuán-
tas veces habremos recorrido las mismas calles, sin saber
que nos encontraríamos años después.

Eres "amigo"
Tu precisión al entenderme es inquietante, y aun así sigo
dejando la puerta abierta para invitarte a entrar. Mi curi-
osidad crece mientras veo cómo tus palabras me
descubren, intrigada por el rumbo que tomará nuestro
camino.

Eres "amante"
Tu nombre en mi mente suena como un poema. Has
redefinido mi comprensión de la intimidad: he llegado a
conocer mi propio ser al mismo tiempo que te conozco a
ti. No es solo mi cuerpo el que ha encontrado hogar en
ti, sino también mi corazón.

Cuando pienso en ti, pienso en tu corazón antes que en
cualquier otra cosa

Aunque la belleza de tu apariencia es cautivadora,
Y la curva de tu sonrisa seductora,

Es la luz de tus ojos la que me pierde en el único lugar
en el que alguna vez he deseado perderme

Mientras más sana y emocionalmente estable eres, más personas querrán tomar de ti. Ten cuidado con quién te entregas.

No todos se han ganado el privilegio de tu tiempo.

— conversaciones con amigos

Cuando tomo la decisión de amarte,
elijo amar a TODO lo que eres
Y no optaré por retroceder cuando las cosas se pongan
difíciles
Espero que puedas ayudarme a levantarme cuando caiga
De la misma forma en que extenderé mi mano hacia ti
cuando más la necesites no elegiré verte a través del
lente de tu peor día
Y espero que tú estés aquí durante el mío
Espero que no perdamos de vista nuestro ritmo
Ni nos neguemos a escuchar cuando nuestras faltas se
vuelvan gastadas como máscaras
En esos momentos, espero que podamos llegar a ese
lugar más allá de las palabras y alejarnos del silencio-
Porque el silencio es, sin duda, muerte
Elijo creer en el amor que elegí
El amor que encapsula TODO lo que eres
La persona que conocí ayer, la que veo hoy, y la que
llegarás a ser

Quiero caminar de la mano contigo
Y sentir el calor de tu piel contra la mía
Quiero que mi cuerpo se recoja en el tuyo
Y sentir cómo el latido suave de tu corazón se acelera
Quiero sentir tus besos
Tus labios invitando a mi alma a entrelazarse con la tuya

Quiero ser una contigo,

    y quedarme

        en este momento

           por todo el tiempo

No hay palabras para describir lo que se siente sentarse junto a alguien que te sostiene con firmeza con solo su presencia, mientras el caos en tu mente hace parecer que todo está a punto de desmoronarse.

Bueno, aquí voy otra vez, pensé en mí. Nadie
quiere ser parte de esto, así que aquí es donde él me suelta.

Pero no ocurrió así. Permaneció en silencio. Con paciencia. Calma.

Me permitió tomar un momento para pensar, para poder articular el contenido de mi mente en lugar de simplemente empujarlo a un lado, como solía hacer.

Hoy no tuve que fingir que no estaba alterada. Tenía permiso de ser tal como era.

Me dio espacio para estar como necesitaba estar, y con el tiempo encontré el camino de regreso.

El si me vio.

— presencia

El perfeccionismo duele. Date permiso de no gustarte tu misma por un momento y elige hacer algo al respecto. No tengas miedo de sentarte con esas partes feas y amarlas incondicionalmente de todos modos. Ya no necesitas desempeñarte para nadie.

10 cosas que he aprendido estando en mis 30:

1. La edad es una ilusión.

2. Cambiarás de opinión sobre lo que quieres en la vida, quizá más de una vez. Está bien.

3. Las personas te decepcionarán; déjalas.

4. Las personas te amarán a un nivel distinto; déjalas.

5. Las cosas que nos dijeron que traerán felicidad a nuestras vidas no garantizan esa felicidad.

6. La alegría se vuelve más importante que la felicidad, y te encontrará de formas pequeñas e inesperadas.

7. La paz mental es la moneda más importante.

8. La quietud se vuelve más valiosa que el espectáculo.

9. No hay fecha límite para nada; tira los plazos a la basura.

10. Una vida plena comienza con una mente sana y un corazón sano.

Lo que sé sobre el amor hoy es....

Que no se trata de la cantidad de flores en un ramo, ni de cuántas veces me llevan a cenas a la luz de las velas. No se trata de los regalos que recibo ni de que me digan que soy bonita todos los días.

El amor es el cuidado que se muestra en pequeños momentos que pueden pasar desapercibidos. El amor es prestar atención. Es la forma en que alguien camina por el lado exterior para protegerme, o saber mis pedidos en los mismos tres restaurantes a los que voy porque soy una criatura de costumbres. Es entrar a mi casa y arreglar pequeñas cosas aquí y allá, solo porque pueden. Es traerme la cena porque saben que estoy trabajando hasta tarde. Es grabar un video de un gato en una ventana, simplemente porque saben que me sacará una sonrisa. El amor presta atención.

El amor es suave y pacífico, como un arroyo que fluye lentamente. Es amable, paciente y siempre llega a tiempo.

"Permítete ser disfrutada."

No creo que él se dio cuenta de cómo me tocó al decir
esas palabras. Yo había bloqueado en broma sus halagos y,
en su lugar, dirigí atención negativa hacia mí misma.
No sé por qué no pude simplemente ser.

Quizá era una forma de protegerme; creer que alguien
pudiera deleitarse con la presencia de mi compañía
parecía tan inverosímil. Pero no lo era.

Creo que esta revelación lo hizo aún más triste, porque
sabía que en algún lugar, muy en el fondo, vivía esa creencia
negativa sobre mí que intentaba desesperadamente soltar.
Tenía hambre de este tipo
de palabras, de pruebas de mi valor, de regar el jardín que
habita dentro de mí.

Pero el crecimiento no ocurre sin amor. Es lo que inspira
el crecimiento. Y cuanto más anhelaba ser nutrida, más
me daba cuenta de que deseaba algo que había estado a
mi alcance todo el tiempo.

Y quizá, solo quizá, si fuera más amable y me diera
aquello que tanto deseaba, entonces no sería tan rápida en
rechazar el amor que otras personas querían ofrecerme.
Después de todo, la belleza atrae belleza.

No puedes ofrecerte parcialmente al mundo y esperar
ser amada por completo.

Recuerdo la noche en que descubrí tu curiosidad por mí

El delicado entrelazado de tus palabras encendió mi
feminidad de una manera que no sabía que era posible

"Tengo que desvestir tu mente antes que tu cuerpo,"
habías dicho

Y nunca he deseado estar desnuda como lo hice entonces

Quise memorizar la melodía de tus palabras

Y cuando por fin sentí tu contacto, una sinfonía brotó
de mi cuerpo

Me llenaste con la belleza de tu masculinidad

Para llevar por siempre la evidencia de tu arte

Él me preguntó:

"¿Qué harías si yo muriera?"

Respondí con sencillez: "Estaría con el corazón roto para siempre."

Creo que pensó que estaba siendo demasiado amable, porque añadió: "¿De verdad? Yo creo que con el tiempo lo superarías."

Quizá tenía razón. Pero en ese momento, no había forma de decirle que tan solo la idea de su ausencia hacía que mi corazón se rompiera en un millón de pedazos.

La oscuridad nunca fue algo que asociaría con la cercanía o con la bondad
Hasta que comencé a despojarme de mí dentro de ella

Arrojé mis viejos pensamientos, mis viejas formas, y la pequeñez con la que me llevaba
Me quité la máscara y, con el tiempo, también la ropa
Desesperada por ser verdaderamente descubierta por completo
La noche antes representaba soledad, pero con el tiempo se convirtió en el lugar donde encontré curiosidad
Tus ojos de medianoche me observaban y yo me deleitaba en su atención

Y en la oscuridad comencé a cambiar
Me hice desnuda y lista para ser reclamada
Abriéndome mientras exploraba las profundidades ocultas de mi ser
Manos suaves acariciaron y recorrieron cada parte de mi piel
Hasta que desbloqueé la parte de mí que había escondido años atrás
Ahora espero con ansias que esos ojos de medianoche me vean entrar en mí misma
               otra vez
                    y otra vez
                         y otra voz

— ojos de medianoche

La otra noche soñé que tenía diecisiete años otra vez. Caminaba por los pasillos de mis recuerdos, observando una vida que parecía haber durado apenas un parpadeo. Intenté recordar a esa versión de mí, en realidad solo una niña, al borde de un gran cambio sin la menor idea de cómo resultaría. Recordé el sabor del miedo en mi boca y el sonido de la confusión en mis oídos, nerviosa por entrar en una nueva etapa de mi vida. Pero al mirar el rostro de mi juventud, no deseé nada más que consolarla y recordarle que no necesitaba preocuparse por su yo del futuro; su yo presente era a quien debía darle su amor; era la única manera de florecer. Y eso era suficiente.

Y aun así, desearía haber pasado más estaciones de mi vida enfocándome en regarme para crecer en lugar de enfocarme solo en florecer. Ojalá hubiera sabido entonces lo que sé ahora: que la belleza del camino es la dificultad que atravesamos mientras descubrimos nuevas versiones de nosotras mismas; que el crecimiento no era algo que debiera apresurarse, sino un privilegio que debía experimentarse.

Pero, por supuesto, no hay despertar a este conocimiento sin haber vivido algo de vida primero. No se nos concede el beneficio de la previsión porque, de tenerlo, actuaríamos con la intención de obtener el resultado que creemos que mejor nos conviene. Pero eso no es vivir. Mis momentos de mayor orgullo han surgido al redescubrir la esperanza después del fracaso y las demoras. Siguen naciendo de la espera intencional, de superar la lucha interna y de elegir avanzar de todos modos. Esto es lo que nos refina. Esto es lo que crea una vida que florece.

Conocí a mi hija en un sueño una vez

Era Mía , e igual se llamaba

Mi corazón estaba en sus ojos

Y de alguna manera supe que su sonrisa era la de su
padre
Me miró como si me hubiera conocido toda su vida

Y sin embargo yo apenas la había conocido aquí, en este
mundo de sueños

Podía sentir sus manos pequeñas en las mías,

Preguntándome si alguna vez las sentiría en la vida real

Cuando desperté, aún la sentía conmigo,

Y tristemente no la he vuelto a ver desde entonces

Pero de vez en cuando pienso en ella

Mi niña, mi Mía

Y me pregunto si todavía me estará esperando para que
regrese otra vez

— Mía

4 de noviembre/ 17 de junio/ 6 de agosto/ 27 de diciembre/están grabados para siempre en mi memoria/ mírate/¿quién eres?/ ay, eres tan ruidoso/ creo que te amo de todos modos/ mamá y papá se ven más ocupados ahora/aquí viene otro/ y otro más/ creo que este es el último/puedo ayudar a mamá ahora que soy un poco mayor/lo amo tanto/ amo tanto a mis hermanas/ tal vez pueda vestirlas como muñecas/ estás creciendo tan rápido/ estamos creciendo tan rápido/ mira, ahora somos mayores/tiempo, por favor desacelera/ algún día ya no será así/si algo te pasa, me muero/ nunca me canso de jugar contigo en nuestro patio/ pero eventualmente dejamos de hacerlo y no teníamos idea de que esa sería la última vez/ ¿cuándo dejamos de jugar?/ han pasado cuatro quinceañeras y cuatro graduaciones/ mi hermana menor habla de mudarse y mi corazón se rompe/ lo logró, estoy tan orgullosa de ella/ la veo seguido y me da tanta alegría/ mi otra hermana está saliendo con alguien, creo que es el indicado/ mi otra hermana está siguiendo sus sueños/mi hermano es joven pero amo nuestra relación/ mi hermana menor regresó, estoy tan feliz de que estemos juntos otra vez/ mi otra hermana está enferma, tengo miedo por ella/ está bien, todo está bien/ estamos envejeciendo/ tiempo, por favor desacelera/ mi otra hermana se casó, ya se mudó/ nos sentimos incompletos y completos al mismo tiempo/ mi otra hermana habla de mudarse, mi corazón se rompe otra vez/ lo logró, estoy tan orgullosa de ella/ tal vez yo también debí haberme ido/ parpadeé y ahora todos somos adultos/ tiempo, por favor desacelera/ mi hermana regresó, estoy tan feliz/ la vida está pasando tan rápido/ estamos creciendo y las cosas se sienten más serias/ ¿qué queremos?/ ¿para qué fuimos puestos en esta tierra?/ ahora mi hermano habla de mudarse y mi corazón siente esa sensación familiar/ todo ocurre en ciclos/ es bueno, es malo, vuelve a ser bueno/ a veces las cosas son más difíciles

pero siempre encontramos la forma de seguir/ los amo
más cada día y no sé qué traerá mañana pero sigo aquí/
por ti y por ti y por ti y por ti/ estoy aquí para siempre/
grabada para siempre en su memoria o por el tiempo que
la vida nos permita

— para mis hermanos

para mis padres:

No puedo imaginar lo que debió sentirse abrazarme por
  primera vez. Apuesto a que fue una mezcla de amor y
  miedo, de incredulidad y asombro. En un segundo
  imaginaron la totalidad de su futuro comprimido en un
  paquete de siete libras y una onza. Debió haber sido
  abrumador. O al menos, así es como lo imagino.
Aún no soy madre y tengo varios años más de los que
  ustedes tenían cuando me tuvieron. Yo fui su
  experimento, y lo digo con ligereza en el corazón. Los
  tres tuvimos que aprender juntos cómo hacer esto de la
  familia. Ese es un poco el trato con el primogénito,
  ¿no?

Hemos tenido treinta y cinco años de altos y bajos, y en
  medio de todo eso, aquí seguimos. Cada momento difícil,
  cada celebración de alegría, es lo que nos ha traído hasta
  este punto de nuestras vidas. No siempre lo hicieron
  perfecto, pero me trajeron hasta aquí. Y por eso, estaré
  siempre agradecida de haber podido hacer esta vida con
  ustedes, y de poder hacerlo hasta su último aliento.

Sea lo que sea que la vida traiga después, espero seguir
  haciéndolos sentir orgullosos. Sé que siempre están en
  mi esquina.

Te quiero mucho, ma y pa

no recuerdo la primera vez que vi dalias negras, pero sí recuerdo cómo me hicieron sentir

mis ojos siempre se sentían atraídos por la belleza misteriosa de sus pétalos negros, a la vez inquietantes y encantadores

cuando supe lo poco que tiempo que están con nosotros, las amé aún más

desde finales del verano hasta comienzos del otoño me aseguro de buscarlas y permitirme la alegría de su belleza hasta que el invierno llega para llevárselas

recientemente aprendí que tardan alrededor de 100 días en florecer y que solo lo hacen si las condiciones son las adecuadas

y aun así, cuando finalmente llegan, nadie las llama florecimientos tardíos, ¿verdad?

si una pequeña flor puede tomarse su tiempo para llegar a donde necesita estar, ¿no deberíamos tener aún más razones para ser pacientes y hacer lo mismo?

— *florecimiento tardío*

Sé lo suficientemente valiente como para estar en paz
con el lugar en el que la vida te tiene, sin llorar el pasado
ni anhelar el futuro.

El verano está llegando a su fin y eso significa que el otoño se acerca.

Si hay algo que pueda llevarse de esta colección es esto: la vida siempre llega en estaciones; la imprevisibilidad está garantizada, y lo único que realmente podemos controlar es cómo elegimos presentarnos en las distintas estaciones de nuestra vida.

Esta temporada, para mí, ha sido una de cosechar los frutos que sembré con paciencia. Pero eso no significa que deje de sembrar.

Para tener un jardín en la mente que esté siempre floreciendo hay que trabajarlo. A diario.

Cada día trae un nuevo desafío: ¿qué se puede plantar hoy? ¿Qué necesita esperar hasta que cambie la estación? ¿Cómo desacelero para saber diferenciar entre ambas?

Que tenga la sabiduría y el valor de presentarse incluso cuando es difícil. Incluso cuando se convence de no hacerlo.

La primavera y el verano pueden ser las estaciones a las que aspiramos, pero no podemos disfrutarlas sin pasar por el otoño y el invierno. No temas a las transiciones. Aprende a abrazarlas y a dejarte transformar por ellas.

Estoy recorriendo estas estaciones con ustedes. Nos vemos allí.

Agradecimientos

Es difícil poner en palabras la gratitud que siento por todas las personas que han apoyado mi escritura durante los últimos años. Cada aplauso y cada palabra de aliento no han pasado desapercibidos, y por eso, gracias.

Comenzaré con mi familia. Cuando compartí mis planes de volver a la escuela hace seis años, no dudaron ni una sola vez en apoyarme. A mis padres, Elias y Betty, sé que el momento en que decidí volver a ser estudiante pudo haberlos tomado por sorpresa, pero expresaron su apoyo en cada paso del camino. Los amo.

A mis hermanos Gisselle, Denise, Sofia y Elias—gracias por leer siempre fragmentos de mi trabajo cada vez que les enviaba algo. Su fe en mí ha sido combustible en los momentos de duda. Los amo a todos.

A mis amigas Yesenia y Lizzete—gracias por sostener el espacio para mi vulnerabilidad. Su presencia y consideración a lo largo de este proceso no tienen comparación. Aprecio profundamente cómo siempre me regresan a quien soy y a todo lo que soy capaz de hacer.

A mi amigo (¡y coautor!) Drew—gracias por recordarme que el síndrome del impostor no tiene lugar en mi vida. Tu presencia y aliento son un regalo que siempre valoraré. Me siento muy afortunada de recorrer parte de este camino de escritura contigo.

A Loren y a la comunidad de Bottega Collective—me alegra tanto que me hayan encontrado cuando lo hicieron—¡qué sincronía divina! Han sido parte de mi vida como escritora desde que decidí volver a escribir. Gracias por animarme siempre.

A mis profesores y a mis compañeros/amigos de Emerson—lo entienden. Conocen la lucha y la recompensa de crear arte. Sí, tomé un desvío de la ficción comercial (jaja, ups), pero espero seguir haciéndolos sentir orgullosos. Gracias por su acompañamiento y responsabilidad compartida.

A mi amiga y coach editorial Davina—me alegra tanto haberme subido a un avión rumbo a Colombia a pesar de no haberte conocido antes. Gracias por lo que haces; eres la razón por la que muchas de nosotras podemos llamarnos autoras publicadas.

Y por último, un agradecimiento para mí misma por finalmente hacerlo. He querido escribir desde que tenía dieciocho años y me tomó diecisiete años llegar hasta aquí. Acostúmbrate a decirlo: eres escritora. No puedo esperar a ver qué viene en el futuro.

Lizzy Madrigal es una terapeuta y escritora basada en Orange County, California. Es egresada del programa de MFA en Ficción Popular de Emerson College y cuenta con una maestría en psicología clínica de Pepperdine University. Ha co-escrito varios artículos para la organización de salud mental IDONTMIND, y su poesía ha sido publicada en Harness Magazine y Writerly Magazine. Mientras su enfoque principal en el pasado ha sido la escritura de ficción, también disfruta escribir poesía como una forma de procesar y comprender sus emociones en toda su profundidad. Con más de diez años de experiencia en el campo de la salud mental, espera unir su amor por la psicología y la escritura para crear historias que sigan inspirando a otros.

Puedes encontrar a Lizzy en Instagram bajo el usuario @lizzymadrigal y seguir su escritura en Substack en lizzymadrigal.substack.com.

Fotografía por Drew Valo. Puedes conectar con él en Instagram en @ahumandreaming.